Isabelle Boucq
Psychologue, spécialiste de l'hortithérapie

Réduire les déchets au quotidien

MODE D'EMPLOI POUR LUTTER CONTRE LE GASPILLAGE

Hatier

L'AUTEURE

Journaliste pendant plus de 20 ans, **Isabelle Boucq** est dorénavant psychologue clinicienne, un métier qu'elle exerce auprès de personnes âgées et de leurs aidants. Après avoir découvert l'hortithérapie et les jardins de soin en Californie en 2010, elle contribue à faire connaitre cette médiation non médicamenteuse grâce à son blog *Le bonheur est dans le jardin* et plus récemment en tant que présidente de la Fédération Française Jardins, Nature et Santé.

Elle est l'auteure de l'ouvrage *Le Shinrin-Yoku en famille* (éditions Hatier, 2019). Les pratiques anti-gaspillage qu'elle s'efforce de suivre dans sa propre vie font partie de l'éducation qu'elle a reçue de ses parents.

SOMMAIRE

INTRODUCTION

Les humains et les déchets, c'est une longue histoire. C'est souvent en retrouvant des chutes de silex du néolithique, des morceaux d'amphores romaines au fond de la Méditerranée ou des tas d'ordures médiévaux que les archéologues parviennent à comprendre comment vivaient nos ancêtres.

Toute activité humaine produit naturellement des déchets. C'est-à-dire des matériaux, des substances ou des produits qui sont jetés ou abandonnés car ils n'ont plus d'utilisation précise. Si nous produisons des déchets depuis la nuit des temps, ils étaient jusqu'à récemment composés de matières naturelles et se décomposaient dans la nature. À partir de l'ère industrielle, nous avons commencé à produire en grande quantité de nombreux objets complexes – notamment en plastique – qui ne se décomposent plus.

Tous les ans dans le désert du Nevada aux États-Unis, 50 000 personnes se rassemblent pour le festival de *Burning Man*, une fête immense et loufoque. Au bout de huit jours, les festivaliers se dispersent avec un mot d'ordre respecté à la lettre : ne laisser absolument aucune trace de leur passage ! Tous leurs déchets, jusqu'au plus petit morceau, doivent repartir avec eux.

À *Burning Man* et ailleurs, nos activités produisent des détritus qui sont traités dans des filières de plus en plus sophistiquées, comprenant aujourd'hui le recyclage et le compostage. Nos ordures quotidiennes sont rapidement enlevées, récoltées sur nos trottoirs par des hommes en vert qui les font disparaître de notre vue. À la faveur d'un incident ou d'une grève, elles s'entassent en monceaux impressionnants qui nous rappellent graphiquement combien nous produisons de déchets dans notre vie quotidienne. Un rappel qui peut être salutaire pour notre prise de conscience.

L'équation **impossible**

Consommation effrénée + ressources limitées de la planète = impasse pour l'espèce humaine.

La prise de conscience de cette équation est un sujet omniprésent dans les médias et les conversations depuis déjà des décennies. Mais les changements de comportements sont lents. La réaction sociétale et politique reste encore trop timorée. D'ailleurs, les jeunes s'impatientent et se mobilisent. Le mouvement mondial de grève initié en Suède par Greta Thunberg (16 ans) a gagné la France en 2019 : avec les *Fridays for Future*, les jeunes mettent la pression pour accélérer le changement. En juillet 2019, la jeune fille est venue s'adresser aux députés français, non sans soulever une tempête d'attaques étonnamment virulentes de certains politiques.

PARTIE I

Les déchets et nous

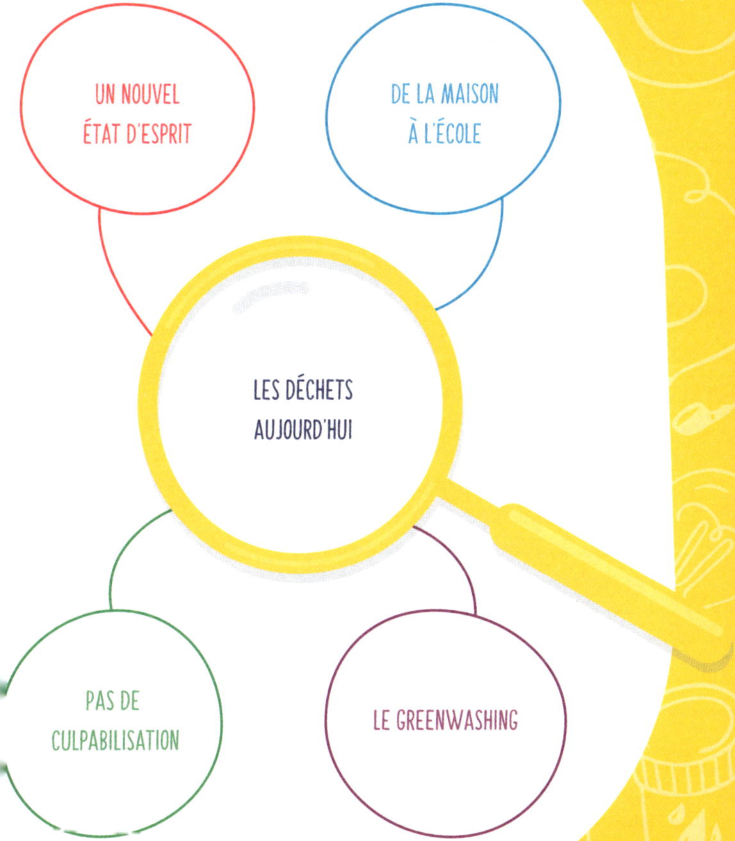
UN NOUVEL ÉTAT D'ESPRIT
DE LA MAISON À L'ÉCOLE
LES DÉCHETS AUJOURD'HUI
PAS DE CULPABILISATION
LE GREENWASHING

L'action politique pour faire face à l'invasion des déchets est une réponse indispensable. Et à titre individuel, que pouvons-nous faire ? Devenir acteur aide à contrer les émotions anxiogènes que pourrait générer l'inquiétude sur ce sujet grave. La famille est notre premier écosystème. De bonnes habitudes familiales – basées sur une réflexion collective sur le sujet dès que les enfants sont assez grands – doivent logiquement amener la prochaine génération à des comportements plus respectueux de la planète. Une famille, ça consomme et ça gaspille. Quelles réflexions engager et quels réflexes adopter pour réduire sa consommation et son gaspillage ?

➔ Un nouvel **état d'esprit**

Car, à la première équation, répond une seconde, porteuse de solutions et d'espoir : une consommation raisonnée et un nouveau rapport aux déchets dans la logique du « *Reduce, Reuse, Recycle* » formulé dans les années 1970 aux États-Unis, pourtant symbole absolu de la société de consommation et du gaspillage. Au fil des années, les 3R sont même devenus les 5 R : « *Refuse, Reduce, Reuse, Repurpose, Recycle* ». Ou en français : Refuser, Réduire, Réutiliser, Reconditionner, Recycler.

Pour citer le ministère de la Transition écologique et solidaire, « l'économie circulaire désigne un modèle économique dont l'objectif est de produire des biens et des services de manière durable, en limitant la consommation et les gaspillages de ressources (matières premières, eau, énergie) ainsi que la production des déchets. Il s'agit de rompre avec le modèle de l'économie linéaire (extraire, fabriquer, consommer, jeter) ». Même si l'économie circulaire entre petit à petit dans les mœurs collectivement et individuellement, il restera toujours un déchet ultime. Mais quel progrès !

Certes, on est déjà assailli de questionnements quand on est sur le point de devenir parent. Est-ce qu'un « examen de conscience environnemental » pourrait s'ajouter à cette liste ? Le terme est volontairement fort. Pourtant, l'idée n'est pas de culpabiliser, mais de se poser des questions pour ne pas agir de manière automatique. Comment avons-nous vécu jusqu'à maintenant ? Est-ce que devenir parents va changer nos comportements à la faveur d'une prise de conscience des difficultés qui seront léguées à la prochaine génération ? Avec l'arrivée d'un enfant, la société nous impose des injonctions qu'il serait bon de remettre en cause. Par exemple, tous ces équipements pour bébé sont-ils indispensables ou, pour le moins, ont-ils besoin d'être flambant neufs ?

Des enfants **acteurs**

L'apprentissage par l'exemple est une base indispensable. En grandissant dans une famille qui réfléchit à ses modes de consommation, il y a plus de chance que les enfants acquièrent des réflexes adaptés. Et pourtant, la facilité et les diktats sont une tentation omniprésente de consommer, d'accumuler, de jeter sans réfléchir. C'est pourquoi **les enfants doivent être impliqués activement au fur et à mesure qu'ils grandissent**. Dès le plus jeune âge, on peut les amener à réfléchir aux conséquences de la consommation.

De nombreux actes de la vie quotidienne sont sources de réflexion. Prenons le moment des courses par exemple. On peut apprendre avec les enfants à acheter en quantité suffisante pour éviter de jeter des aliments périmés qu'on n'aura pas eu le temps de consommer. Ou adopter la pratique du vrac pour les farines, céréales, pâtes, mais aussi les détergents ménagers en expliquant qu'on choisit cette méthode pour limiter les emballages qui utilisent beaucoup de ressources. Dans la suite logique, on se lance en famille dans le compostage pour que les déchets organiques deviennent source de vie au lieu de finir dans la poubelle. Faire avec eux et expliquer les raisons de ces choix donnent un sens à tous ces gestes quotidiens.

➔ De la maison à l'école

À l'école aussi, les enfants entendent parler de développement durable depuis des années. Le ministère de l'Éducation nationale et de la Jeunesse a annoncé en 2019 une série de nouvelles actions : des binômes d'éco-délégués chargés de proposer des actions au sein de leurs collèges et lycées, un objectif de 10 000 établissements labellisés E3D ou encore le renforcement des programmes autour du changement climatique et de la biodiversité. À partir de la rentrée

2019, un prix « EDD 2030 » (Éducation au Développement Durable) soutiendra les meilleurs projets menés dans les écoles, collèges et lycées en matière notamment d'économies d'énergie et de lutte contre le gaspillage. Par exemple, dans certaines cantines d'école, on pèse les déchets produits pour inciter à réduire les déchets alimentaires.

Les parents sensibles à ces sujets peuvent se tenir au courant des sujets abordés en classe et des projets menés dans les établissements, surtout quand les élèves eux-mêmes en sont acteurs. Reconnaître la continuité entre les habitudes familiales et les pratiques à l'école va dans le bon sens. Et quel boost pour l'estime de soi des enfants de transmettre des connaissances et des solutions entre la maison, l'école et la société en général ! Certains enfants se découvriront peut-être même une vocation pour la rudologie. Connaissez-vous le métier de rudologue ? Il consiste à étudier nos ordures et à proposer des solutions pour réduire la production des déchets ménagers et industriels.

➔ Pas de **culpabilisation**

Tout le monde ne deviendra pas Béa Johnson, la Franco-Américaine qui met en avant sa vie « zéro déchet » depuis 2013. Résultat : 183 grammes de déchets en un an pour une famille de quatre personnes ! Cependant, tous les efforts dans le bon sens comptent et **il est important de valoriser ceux des enfants**. Mais n'oublions pas que les choix individuels ont leurs limites. Pour prendre un exemple, on peut décider de faire plus de vélo et moins de voiture pour limiter la pollution dans l'air. Mais nous avons besoin d'un bon réseau de pistes cyclables et d'un environnement plus favorable aux cyclistes, ce qui dépend de décisions de politiques publiques.

« Si les individus peuvent faire des choix individuels pro-environnementaux basés sur leurs valeurs et attitudes, et inspirer les autres... ils n'ont pas la possibilité d'agir sur les structures qui facilitent ou limitent leurs options », rappelle Kris De Decker, fondateur de Low Tech Magazine. Pour lui, la réflexion doit être systémique. Sinon, on ne fait que culpabiliser inutilement les individus bien intentionnés, mais impuissants à changer les choses à leur échelle.

Attention également à ne pas cultiver la peur de l'avenir chez les enfants. Il est difficile de faire ce cheminement et de fixer une frontière entre prise de conscience de la crise annoncée et une inquiétude paralysante. Même si en tant qu'adulte on peut avoir de graves craintes, il ne s'agit pas de transformer les enfants en survivalistes ou de les faire vivre dans un climat d'anxiété généralisée.

➔ Le *greenwashing* guette

Attention également au *greenwashing* ou écoblanchiment en français, la pratique marketing consistant à faire passer les produits, les activités et les engagements d'une entreprise ou organisation pour écologiques alors qu'ils ne le sont pas. Les entreprises surfent sur des tendances, elles sont à l'affût des sujets auxquels les consommateurs sont sensibles. Ne pas tomber dans le panneau est parfois difficile, mais donne l'occasion de développer **son sens critique** et d'exercer **ses compétences d'enquêteur** ! Les Prix Pinocchio du Climat, organisés par les Amis de la Terre, dénoncent ainsi les entreprises multinationales qui se blanchissent avec un discours « vert ».

LE SAVIEZ-VOUS ?

✔ En France, nous produisons 568 kg de déchets ménagers par habitant par an. (*Source* : Ademe, 2016)

✔ En France, depuis 2007, 4,6 % de moins de déchets produits par habitant grâce notamment à la prévention, à la réutilisation, au réemploi, à la réparation et à la réduction du gaspillage alimentaire. (*Source* : Ademe)

✔ Que deviennent ces déchets ?
• 65 % recyclage/remblayage (+ 13 % en 10 ans)
• 29 % élimination (- 15 % en 10 ans)
• 6 % valorisation énergétique (+ 59 % en 10 ans)
Source : Ademe

Si vous avez dans votre entourage des personnes nées dans les années 1930-1940, discutez avec elles pour comprendre comment elles vivaient enfants. La société de consommation n'existait pas à l'échelle que nous connaissons aujourd'hui et la plupart d'entre elles ne connaissaient pas le gaspillage. Le rapport aux objets de consommation semble très différent quand on échange avec ces personnes âgées. Elles vous parleront de rapiécer des vêtements usagés par exemple ou de ne jamais jeter la moindre nourriture. Se souvenir de cette frugalité n'est pas moralisateur, mais plutôt inspirant. Nos habitudes ont beaucoup changé en quelques décennies, pour le bien et pour le pire. Aujourd'hui on redécouvre l'importance de vivre sans épuiser les ressources. Espérons qu'après un moment d'égarement, nous sommes en train de redécouvrir une sagesse et un bon sens encore présents.

PARTIE II

1 EN ATTENDANT BÉBÉ, QUESTIONNEZ-VOUS SUR VOTRE FUTURE CONSOMMATION

10 STIMULEZ LA CRÉATIVITÉ DE VOS ENFANTS !

9 CRÉEZ DES SECONDES VIES AUX VIEUX OBJETS

8 TOURNEZ-VOUS VERS DES LOISIRS VOUS RAPPROCHANT DE LA NATURE

7 EN VOYAGE, PRIVILÉGIEZ LE SLOW TOURISME

Les 10 clés

2 DANS LA CUISINE, REPENSEZ LE CONTENU DE VOS ASSIETTES ET DE VOS PLACARDS

3 DANS LA CHAMBRE, EXAMINEZ VOS HABITUDES

4 DANS LA SALLE DE BAINS, CHANGEZ VOS FAÇONS DE FAIRE

5 POUR LES TRANSPORTS, PRIVILÉGIEZ DES MODES DE DÉPLACEMENTS BASSE CONSOMMATION

6 LOISIRS : REPENSEZ VOTRE MODE DE CONSOMMATION

1 EN ATTENDANT BÉBÉ, QUESTIONNEZ-VOUS SUR VOTRE FUTURE CONSOMMATION

Accueillir un bébé s'accompagne de multiples choix. Parmi toutes les injonctions faites aux futurs parents, certaines sont à garder et d'autres... à jeter. Dans tous les cas, cela vaut la peine de les examiner à l'aune de la consommation durable. Rappelez-vous que le premier des 5R est **Refuser**. Refuser de consommer sans réfléchir. Pour l'instant, le bébé ne fait pas encore partie de la discussion. Pourtant, elle est au cœur de toutes ces décisions importantes pour partir du bon pied.

Des vêtements de grossesse **en location**

Commençons par les vêtements de grossesse. Ce sont par excellence des vêtements que l'on porte très peu de temps. Bien sûr, les futures mamans ont envie de se sentir belles et confortables. Depuis toujours, il est possible de réduire sa consommation en privilégiant les échanges de vêtements entre amies ou dans des dépôts-ventes. Ou désormais en se tournant vers deux dressings en ligne.

- En 2014, Anna Balez lance *Tale Me* après avoir pris conscience des dégâts environnementaux et humains de l'industrie du textile. Repris depuis, le dressing propose tout simplement de louer des vêtements de grossesse (aussi que des vêtements d'enfants de 0 à 6 ans). Tous les mois, on les échange. Il en coûte 39 € par mois pour 3 vêtements ou 55 € pour 5 vêtements.

- *Taylorbox* propose à la fois des vêtements maternité de créateurs et des accessoires pour un abonnement unique à 89 € par mois. En toute logique, son service de pressing utilise des techniques écologiques.

Il s'agit là d'un nouveau mode de consommation plus responsable qui n'est pas encore courant, mais qui réduit considérablement l'utilisation de matières premières et la création de déchets. Les vêtements maternité ont plusieurs vies.

➔ De quoi avez-vous **besoin ?**

Si certains de vos amis ont déjà des enfants, vous avez peut-être remarqué qu'ils débarquent toujours avec **une montagne d'équipement** : landau, lit parapluie, chaise haute, tapis d'éveil, biberons et stérilisateur, sacs remplis de vêtements de change et de jouets... Les sites et livres de parenting dressent de longues listes et les marques essaient de convaincre les futurs parents qu'ils ont absolument besoin d'une poussette dernier cri ou de cette jolie grenouillère hors de prix.

De quoi avez-vous vraiment besoin ? **C'est à vous de répondre à cette question** sans prendre tous ces « conseils » au pied de la lettre. Votre bébé a avant tout besoin de parents qui répondent à ses besoins d'amour et d'attention. Dans les années 1950, John Bowlby et Mary Ainsworth ont exploré comment les bébés construisent des liens affectifs avec leurs figures d'attachement, des liens qui serviront de bases sécurisantes à leurs futures relations. La marque de la poussette ou des vêtements semble assez secondaire dans le développement harmonieux d'un bébé !

• *Troc et échange*

L'échange d'équipement de puériculture et de vêtements entre parents n'est pas nouveau. Dans les familles et entre amis, cela fait belle lurette qu'on pratique le prêt et l'échange pour minimiser les coûts, surtout pour des objets qui sont utilisés quelques mois uniquement. Là aussi, Internet a démultiplié les possibilités de ce mode de consommation en mettant des parents en relation via des plateformes en ligne.

- Exemple avec *Ty Dressing* qui est né en 2015 de l'envie d'Anne-Christine Thomas. Cette maman adepte de jolis vêtements de marque, mais aussi soucieuse de son budget et de l'environnement, souhaitait revendre les vêtements de ses trois enfants pour leur en offrir de nouveaux sans se ruiner. Après avoir constaté que ses amies lui demandaient de l'aide pour ne pas avoir à courir les vide-greniers et les dépôts-ventes, elle décide de lancer son site pour ouvrir ce nouveau mode de consommation aux mamans connectées.

LE SAVIEZ-VOUS ?

✔ En France, le marché des vêtements d'occasion est estimé à un milliard d'euros et il est en pleine croissance. En 2010, 15 % des Français déclaraient avoir acheté un vêtement d'occasion. En 2018, ils étaient 30 %.

(*Source* : Institut français de la mode)

Les couches : jetables ou lavables ?

C'est un grand débat. Après l'ère du tout lavable qui aura duré des siècles, suivie par l'ère du tout jetable depuis les années 1950-1960, les parents se posent aujourd'hui la question. Un choix difficile car peser le pour et le contre de chaque option est complexe. Certes, une étude réalisée pour l'association *Women's Environnemental Network* établissait que les couches jetables, comparées aux lavables, consomment 3,5 fois plus d'énergie, 2,3 fois plus d'eau, 8,3 fois plus de matières premières non renouvelables, 90 fois plus de matières premières renouvelables et génèrent 60 fois plus de déchets solides !

D'autres arguments entrent en ligne de compte, comme les produits nocifs contenus dans les couches jetables. En 2019, l'Agence Nationale de Sécurité Sanitaire (ANSES) publiait une expertise confirmant que les couches contiennent plusieurs substances en quantité qui dépasse les seuils sanitaires (substances parfumantes, certains HAP (Hydrocarbures Aromatiques Polycycliques) et certains PCB (polychlorobiphényles, dioxines, furanes).

- **Les services de location de couches lavables** (Locacouche, Lili'lange…), en libérant les parents du lavage, peuvent aussi faire pencher la balance. Efficacité, considérations pratiques, convictions environnementales, un choix de plus pour les parents qui peuvent se tourner vers de nombreuses sources d'information en ligne et solliciter les expériences dans leur entourage.

LE SAVIEZ-VOUS ?

✓ Une couche jetable met environ 500 ans à se décomposer. Une couche lavable moins de 6 mois.

L'alimentation de bébé

L'allaitement, l'option « zéro déchet »

Encore plus que le choix des couches, le choix d'allaiter est personnel. Pas de pression et de culpabilisation dans ce domaine. On vante souvent les avantages démontrés pour la santé du bébé et le côté pratique de l'allaitement. Et si on le considérait sous l'angle de la production de déchets ? On s'approche effectivement du zéro déchet ! Le lait maternel est une ressource naturelle, renouvelable et durable qui ne nécessite aucun biberon et matériel, à part dans le cas des mamans qui désirent stocker leur lait lorsqu'elles doivent s'absenter ou qu'elles reprennent leur travail par exemple. Un tire-lait et des biberons sont alors nécessaires.

Des petits pots durables

Au moment de la diversification alimentaire, la réflexion continue. Les petits pots pour bébé sont omniprésents dans l'imaginaire contemporain et dans la publicité. Mais là aussi, les alternatives existent. Au début, quand bébé ne mange que de petites quantités, on peut fabriquer plusieurs purées (pommes de terre, carottes, patates douces...) et compotes maison (pommes, poires...) et les stocker dans des bacs à glaçons. À l'heure de repas, on prépare quelques cubes à la hauteur de l'appétit du moment. Aucun déchet, vos bacs à glaçons sont réutilisables à l'infini.

- **Quelques sociétés se sont intéressées au marché des petits pots frais** livrés à la maison. Toutes n'ont pas survécu, preuve que le marché n'est pas si facile. En région Rhône-Alpes et en région parisienne, les familles peuvent faire appel à Potpotam® qui utilise des ingrédients issus de l'agriculture biologique et la cuisson douce sous vide pour préparer des pots destinés à développer les papilles des petits. Leurs petits pots sont disponibles en magasin et par commande en ligne.

Des idées cadeaux **alternatives**

Même si vous avez les meilleures intentions du monde, vos proches n'ont peut-être pas les mêmes préoccupations environnementales que vous. D'ailleurs, en tant que nouveaux parents, **vous aurez sans doute à expliquer votre façon de voir à votre entourage** pour ne pas être envahis de cadeaux en contradiction avec votre envie de réduire la consommation et les déchets. Les cadeaux de naissance sont un bon moment pour commencer. Pour ne pas crouler sous des tonnes de vêtements qui seront portés deux ou trois fois ou encore sous des jouets 100 % plastique, voici quelques suggestions de cadeaux immatériels :

- un abonnement au club des **bébés nageurs**,
- un carnet de 10 soirées de **baby-sitting**,
- des séances de **massage** pour bébé,
- **un livre** sur la consommation zéro déchet...

Vos besoins personnels vous inspireront d'autres idées.

2 DANS LA CUISINE, REPENSEZ LE CONTENU DE VOS ASSIETTES ET DE VOS PLACARDS

Chaque seconde dans le monde, on jette 41,2 tonnes de nourriture ! En France, le gaspillage alimentaire est dans le collimateur. Depuis 2016, la loi relative à la lutte contre le gaspillage alimentaire a prévu deux mesures principales :

- **les supermarchés** de plus de 400 m^2 doivent faire don de leurs invendus consommables à des associations d'aide alimentaire ;
- **les distributeurs** ont désormais interdiction de rendre leurs invendus encore consommables impropres à la consommation.

Mais au fait, à quel stade de la chaîne la nourriture est-elle gaspillée ? À 32 % pendant la production, à 21 % pendant la transformation, à 14 % chez les distributeurs et enfin à 33 % chez les consommateurs. **Cela laisse une marge d'action aux familles.** À noter quand même que la France se classe plutôt parmi les bons élèves en Europe entre le laxisme des Pays-Bas (541 kg de nourriture jetée par habitant par an) et la frugalité de la Slovénie (72 kg).

LE SAVIEZ-VOUS ?

✓ En France, 10 millions de tonnes de nourriture sont jetées chaque année (représentant 16 milliards d'euros). C'est-à-dire que chaque Français jette 29 kg de nourriture par an à la maison. Mais en tout, de la production à la consommation, le chiffre s'élève à 155 kg par Français par an.

Sources : Ademe, Commission européenne.

➔ Identifiez les sources de **gaspillage**

Comment se situe votre famille par comparaison avec les chiffres nationaux ? Une seule façon de le savoir, mener l'enquête en famille sur une semaine ou, mieux, un mois en pesant tous les déchets alimentaires (restes et aliments périmés). Les enfants peuvent être les scribes de ce projet de recherche. Cette expérience familiale ouvrira les yeux des petits et des grands. Elle vous permettra d'identifier les sources de gaspillage et de trouver la solution correspondante.

Si vous jetez beaucoup de restes après les repas, il faut sans doute revoir la composition des menus et la taille des portions. Pourquoi ne pas en discuter en famille et inclure les enfants dans la « commission de planning des repas » ? Si, en revanche, vous jetez beaucoup d'aliments périmés avant de les utiliser, voire d'aliments jamais ouverts, c'est plutôt du côté des courses qu'il faut agir. Voici quelques idées :

- faire **des listes de courses** correspondant à des menus spécifiques pour chaque jour,
- **faire les courses** plus souvent,
- bien adapter **les quantités**,

- consulter **les dates** sur les produits,
- choisir **des fruits plus ou moins mûrs** pour qu'ils durent plusieurs jours,
- et apprendre **à accommoder les ingrédients** qui ont passé leur pic : des fruits moins beaux se transforment en bonne compote par exemple.
- DDM (Date de Durabilité Minimale) et DLC (Date Limite de Consommation)

En parlant de date sur les produits, quelques rappels sont utiles. Les produits alimentaires conditionnés doivent porter un délai de consommation. L'objectif est d'éviter les risques d'intoxication. Mais si elles sont mal comprises, les dates de péremption peuvent provoquer du gaspillage. **Cela peut être la mission des enfants** pendant les courses de vérifier les dates.

- La date de durabilité minimale (DDM) est **une date indicative**. « À consommer de préférence avant le... » ou « À consommer avant fin... » indique que le produit peut être consommé après cette date. Il est peut-être moins goûteux ou moins nutritif. Mais il ne présente aucun risque pour la santé. Pas besoin de le jeter !
- En revanche, la date limite de consommation (DLC) indique que **le produit ne doit pas être consommé** après la date indiquée et pourrait présenter un risque pour la santé. « À consommer jusqu'au... » veut donc dire que le produit est **interdit** à la vente après cette date.

Pour les autres produits, fiez-vous à votre nez et à votre bon sens. Quitte à découper la partie pourrie dans un fruit pour déguster le reste par exemple. D'ailleurs, **plus** vous mangerez des plats élaborés à partir de produits frais, **moins** vous rencontrerez de DDM et de DLC...

Consommez malin pour **dépenser moins**

Bonnes affaires à saisir

Plusieurs applications sont apparues pour diriger les consommateurs vers des invendus à saisir.

- *Too Good to Go*® identifie les commerçants à proximité qui proposent des invendus : on réserve et on passe les récupérer.
- Même principe chez Zéros-Gâchis® qui identifie des produits qui atteignent la date limite et sont en promotion dans diverses enseignes.

Voici donc deux applications qui promettent de faire des économies tout en luttant contre le gaspillage alimentaire.

- Quant à Dans mon frigo®, il s'adresse aux distraits en surveillant les produits achetés pour ne pas dépasser la date de péremption.

LE SAVIEZ-VOUS ?

✓ Dans les pays développés, on jette entre 30 et 40 % de la production alimentaire.

Source : FAO (organisation des Nations unies pour l'alimentation et l'agriculture)

Un engagement éco-citoyen

Moins digitaux et plus sociaux, les Eco-Charlie® récupèrent les denrées invendues des supermarchés biologiques à Paris,

Nice et Lyon. C'est ce que les membres de l'association appellent « les récoltes ». À la fin de la tournée à pied dans les magasins partenaires, les denrées sont triées et réparties équitablement selon les besoins et dans l'objectif de redonner aux personnes dans le besoin. Pratiqué avec les enfants, ce geste éco-citoyen peut éveiller les sensibilités environnementales et sociales.

Dans la foulée, il serait logique de rejoindre une AMAP (Association pour le Maintien d'une Agriculture Paysanne) ou de fréquenter des marchés de producteurs locaux. Tout effort pour consommer localement diminue forcément l'empreinte énergétique de nos assiettes. Cerise sur le gâteau, les enfants apprennent d'où vient leur nourriture et comment elle est produite.

Traquez les **emballages**

Le vrac contre les excès de l'emballage

À vrai dire, le vrac est la star des mesures anti-gaspillage dans la cuisine ainsi que dans toute la maison. Tout comme vous avez fait l'inventaire de la nourriture jetée à la maison, vous pouvez faire celui de votre poubelle à recyclage. Combien d'emballages en papier, carton et plastique jetez-vous chaque semaine ? **Recycler, c'est bien. Réduire, c'est mieux.** Et c'est possible, assez facilement.

- Le geste le plus simple est de **conserver les sacs papier et plastique** pour les réutiliser **à chaque fois** que vous faites les courses (primeurs, fromagers). Les commerçants commencent à s'habituer à ces clients qui veulent réutiliser leurs sacs.

- Deuxième étape, **s'équiper de containers en tissu et en verre** pour aller faire vos courses chez le spécialiste du vrac Day by Day®, chez Naturalia® ou d'autres magasins qui proposent des produits en vrac. Se servir dans les bacs est une mission que les enfants peuvent remplir pendant l'expédition des courses.

Équipez-vous de containers durables

Ne jetez pas vos containers en plastique. Mais quand ils seront au bout de leur vie, remplacez-les par des containers en verre, durables, recyclables et plus sûrs pour les aliments. Le verre fait un grand retour et on reparle même de bouteilles consignées. En région parisienne, Rueil-Malmaison a annoncé une expérimentation qui doit servir de pilote pour le Grand Paris. Toulouse aussi a relancé la consigne de bouteille.

Autres alternatives :

- préférez les **gourdes en métal** aux bouteilles en plastique ;
- **les sacs d'emballage à la cire végétale** réutilisables aux films plastiques pour conserver les aliments ou aux Ziploc® pour les sandwichs ;
- pour emporter son déjeuner au bureau ou un goûter à l'école, on trouve **toutes sortes de jolies boîtes durables**.

Les produits à usage unique sont en passe de devenir des dinosaures. Les enfants peuvent tirer une certaine fierté à les éliminer les uns après les autres.

LE SAVIEZ-VOUS ?

✔ À partir de 2020, la loi de Transition énergétique pour la croissance verte bannit les gobelets, verres et assiettes jetables en plastique. Les sacs plastiques à usage unique eux sont déjà interdits en caisse depuis 2016. On avance.

Source : Ademe

Lancez-vous dans le **compostage** en ville et en campagne

De nombreuses villes sont en train de mettre en place des solutions de compostage collectif en pied d'immeubles ou de collecte de déchets compostables pour réduire les déchets non valorisés. Si votre ville n'est pas encore mobilisée, appuyez ce genre d'initiative auprès des élus. Vos ados peuvent participer à cette campagne citoyenne, en siégeant dans **un conseil de quartier ou un conseil de jeunesse**.

Et en attendant, équipez-vous d'un composteur individuel. Composter est possible, que l'on dispose d'un comptoir de cuisine, d'un balcon ou d'un jardin. Cela demande un peu d'organisation, mais peut devenir un jeu avec les enfants. Composter est une démarche vertueuse qui initiera les enfants au cycle de la vie, de déchet à fertilisant pour les plantes. Une fois initiés, ils ne supporteront plus de jeter les épluchures à la poubelle.

3 DANS LA CHAMBRE, EXAMINEZ VOS HABITUDES

Notre chambre est notre univers, notre cocon. C'est particulièrement vrai pour les enfants et les ados. Nous y passons du temps et nous y conservons nos biens les plus intimes, dont nos vêtements qui sont l'enveloppe que nous présentons au monde. Pour les enfants, c'est aussi leur terrain de jeu, un espace de construction. Y a-t-il n'y a pas un peu de ménage à faire dans la chambre ? Et on ne parle pas de ramasser quelques chaussettes sales !

L'industrie de **la mode** sur la sellette

En août 2019, la Suède – tiens donc le pays de Greta Thunberg – a décidé d'annuler sa *Fashion Week*, officiellement pour protester contre la pollution massive générée par l'industrie du textile. Difficile de confirmer qu'elle est bien la deuxième industrie la plus polluante du monde derrière l'industrie du pétrole comme on le lit souvent. Cependant, la « fast fashion » (la mode jetable) en fait indéniablement une mauvaise élève. Les modèles changent constamment pour nous inciter à revenir dans les magasins plus souvent, attirés par ce désir de nouveauté et de plaisir. Séduits par des promotions permanentes, nous achetons toujours plus. Puis nous jetons. H&M®, la marque suédoise, a contribué à ce phénomène. Face à ce cycle insatiable, il est temps de faire pause et de s'interroger. Pour soi et pour les enfants, ensemble.

LE SAVIEZ-VOUS ?

✔ En 15 ans, la production mondiale de vêtements a doublé pour atteindre 140 milliards de vêtements produits chaque année. Ce secteur est responsable de 1,2 milliard de tonnes de CO^2 par an et utilise 4 % des ressources mondiales d'eau potable. Sans parler des conditions de travail déplorables.

Source : Ademe

➔ Des achats **réfléchis**

Refuser, Réduire, Réutiliser, Reconditionner, Recycler ! On en revient toujours à ces mêmes principes. Sur Internet, des « fashion victims » témoignent qu'elles ont fait l'expérience de n'acheter aucun nouveau vêtement pendant un an pour reprendre la main sur ce qu'elles qualifient elles-mêmes d'addiction. Dans les magazines, des familles racontent comment elles achètent tous leurs vêtements d'occasion, mis à part les sous-vêtements et le linge de toilette. Une autre façon de consommer est possible. Attention, ces exemples sont « extrêmes » et mettent la barre très haut. Ils peuvent inspirer ou intimider. **Le changement peut être plus graduel, en commençant petit à petit.**

- **Refuser et réduire supposent de se poser des questions.** De quoi chaque membre de la famille a-t-il besoin dans sa garde-robe ? Quelle serait la garde-robe idéale minimale pour chacun ? Établir une liste précise de ses besoins (remplacer un jean en fin de vie, trouver une nouvelle jupe qui ira avec plusieurs hauts...) évite de se laisser tenter insatiablement. Réutiliser, Reconditionner, Recycler implique de fréquenter les dépôts-ventes et leurs versions en ligne dont on a déjà parlé. Mentionnons ici le site Vinted® qui fait un carton depuis quelques années pour revendre ou acheter des vêtements d'occasion (attention quand même car on signale des arnaques sur ce site).
- **Et ces principes s'appliquent aussi aux enfants** qui grandissent et doivent renouveler leurs vêtements régulièrement. Eux aussi peuvent, avec votre aide, adopter le réflexe de faire l'inventaire de leurs besoins plutôt que de laisser libre cours à des désirs attisés par la publicité et le besoin d'émulation. Un petit pas pour la planète, un pas de géant pour leur liberté.
- **Mais c'est peut-être aussi l'occasion d'apprendre à coudre et à rapiécer,** deux coutumes qui se sont perdues en une ou deux générations. Heureusement, des cours sont de nouveau proposés ici et là dans des ressourceries ou des centres sociaux. Bobines & Combines® propose des ateliers de couture pour adultes, enfants et ados (et aussi des ateliers enfants-parents) dans une quinzaine de villes en France. Les objectifs sont multiples : autonomie, créativité, lien social et rencontres inattendues.

POUR ALLER PLUS LOIN

✓ Et si on menait l'enquête dans la chambre comme on l'a fait dans la cuisine ? Où ont été fabriqués vos vêtements ? Vous pouvez matérialiser le résultat sur une carte du monde. En quelles matières sont-ils faits ? Là aussi, vous pouvez faire des camemberts pour mieux visualiser. N'hésitez pas à recommencer l'opération avec les jouets et les jeux.

Le *greenwashing* endémique dans **la mode**

Pour reprendre le cas de H&M®, contribuer à la « fast fashion » n'empêche pas l'entreprise de communiquer sur ses efforts dans le développement durable, par exemple son encouragement aux clients à rapporter leurs vêtements usagés pour les recycler. C'est un pas, mais acheter moins restera toujours une meilleure solution. Pour aider les consommateurs à y voir plus clair, *Greenpeace*® propose un index des marques les plus consciencieuses en matière de pollution et de rejet.

Avant d'acheter un nouveau vêtement, on se pose donc plusieurs questions. Pourrait-on le trouver d'occasion, le louer, l'emprunter, le fabriquer soi-même ou réparer l'ancien ? Et si on décide d'acheter, quelles marques ont les meilleures pratiques environnementales (et sociales) ?

Les jouets : **trop, c'est trop**

C'est un constat. Plus on a de place, plus on accumule. C'est notamment vrai pour les vêtements comme pour les jouets d'enfants. Vous commencez à avoir l'habitude.

Avant d'acheter un nouveau jouet, il faut réfléchir. Vous avez peut-être une grand-mère ou un arrière-grand-père qui vous raconte que son seul jouet était une poupée en tissu fabriquée maison et que, pour Noël, elle/il recevait une orange et une tablette de chocolat ? Elle/il vous parle sans doute aussi du plaisir que lui procurait cette tablette de chocolat et de combien elle/il chérissait sa poupée. Sans tomber dans une nostalgie déplacée, on peut comprendre qu'avoir beaucoup de jouets, trop de jouets n'est pas bénéfique pour un enfant.

• *Méfiez-vous des tentations*

Trouver la frontière entre avoir suffisamment de jouets si possible stimulants et créatifs et être inondé de jouets est la mission des parents. Dans un premier temps, interrogez-vous sur votre envie d'offrir un jouet. D'où vient cette envie ? Dans un second temps, discutez-en avec vos enfants. Accédez à toutes leurs demandes immédiatement, voire même les anticiper avant qu'elles ne puissent s'exprimer, n'aide pas les enfants à **développer leur résistance à la frustration, leur rapport au désir, leur apprentissage de la patience et des limites**.

Les périodes de cadeaux sont dangereuses quand on veut réduire sa consommation. Les impératifs sociétaux, les croyances sur « les bons parents » nous poussent à multiplier les cadeaux. Là encore, gardez la tête froide et pensez aux cadeaux immatériels : des sorties mensuelles en famille, des excursions dans la nature, des soirées jeux de société, voire les abonnements à un magazine ou à des clubs.

• *Halte au plastique et aux toxiques*

Au pays des jouets, le plastique est roi. Et le plastique, c'est l'ennemi de l'anti-gaspillage. À base de matières non renouvelables et de substances notoirement toxiques, le plastique est difficile à recycler. Un jouet « écolo », par contraste, est composé de matériaux renouvelables et non toxiques. Si possible, il a été fabriqué localement. On pense aux marques françaises Janod®, Vilac® et Jeujura®. Il existe d'ailleurs des labels pour les jouets écolos (NF Environnement depuis 1991) et les jouets en bois (FSC).

La chambre et les jouets sont une porte d'entrée parfaite pour découvrir WECF France, l'antenne française de WECF (*Women Engage for a Common Future*). Ce réseau international rassemble des femmes qui luttent pour un monde plus sain et un développement soutenable depuis le Sommet de la Terre de Rio de Janeiro en 1992. Leur site apporte, entre autres, des pistes aux parents qui se posent des questions sur un environnement sans substances toxiques et dans le respect de l'économie circulaire. L'organisation a en particulier lancé le projet européen Nesting pour informer les parents sur les risques liés à la pollution intérieure.

➔ Les petits gestes **qui comptent**

Une chambre frugale désencombrée du superflu, c'est reposant. Au quotidien, on peut continuer à contribuer à une consommation responsable et à une atmosphère saine. En éteignant les éclairages quand on quitte la chambre, en aérant la chambre tous les jours, en cultivant des plantes qui luttent contre la pollution intérieure et contre le stress. Certaines plantes sont connues pour améliorer le sommeil et purifier l'air (gardénia, jasmin, gerbera, lavande, Aloe Vera).

4 DANS LA SALLE DE BAINS, CHANGEZ VOS FAÇONS DE FAIRE

Qui dit salle de bains (baignoire) ou salle d'eau (douche), dit consommation d'eau. Une eau qui coule si facilement simplement en ouvrant le robinet. La chasse au gaspillage de l'eau est la priorité. Mais il y a d'autres déchets à traquer dans cette pièce de la maison qui a pris une place toute particulière dans les habitations modernes.

L'hygiène corporelle au fil des siècles

L'histoire de l'hygiène corporelle est difficile à écrire. Sur ce sujet éminemment intime, il faut croiser des informations au carrefour des techniques (apparition des baignoires, des chauffe-eau, du savon...), des infrastructures collectives (réseaux de distribution d'eau, bains-douches municipaux...) et des équipements individuels (eau à tous les étages, apparition des salles de bains ou d'eau privées). L'hygiène des corps, des Romains au Moyen-Âge à la Renaissance à nos jours, a connu des modes, dictées par les croyances sur la propreté et l'origine des maladies, la morale et les conditions techniques et économiques.

Quand il faut puiser l'eau et la chauffer pour prendre un bain, on devine que ce n'est pas une pratique répandue et accessible à tous. D'autant plus que sous l'Ancien Régime, on souscrit à la théorie des humeurs : immerger son corps dans l'eau dilaterait les pores, affaiblirait le corps et permettrait l'infiltration des maladies ! Il y a une centaine d'années, au début du XXe siècle, on estime que moins de 2 % des logements parisiens disposaient d'une salle de bains avec l'eau courante ! En 1962, le taux reste étonnamment bas avec 29 % des foyers équipées d'une douche. Difficile à imaginer aujourd'hui, surtout pour des enfants. Revenir sur cette histoire avec les enfants serait d'ailleurs fascinant.

LE SAVIEZ-VOUS ?

✓ Notre consommation d'eau a augmenté au fil des siècles et serait aujourd'hui en légère baisse. À la fin du XVIIIe siècle, on estime qu'une personne utilisait 15 à 20 litres d'eau par jour pour l'ensemble de ses besoins. En 1975, on atteignait 106 litres par jour et par habitant, puis 165 litres en 2004 et 148 litres aujourd'hui.

Source : Observatoire SISPCA

L'eau ne coule pas de source

Selon un sondage par BVA-Doméo-Presse régionale sur « Les Français et l'eau » réalisé en 2015, 57 % des Français prennent une douche tous les jours, 24 % tous les deux jours, 11 % tous les trois jours et les autres moins souvent. Les personnes interrogées ont déclaré rester en moyenne 9 minutes sous leur douche. En fait, les habitudes varient : 37 % ont déclaré prendre des douches de 5 minutes maximum alors que 15 % resteraient plus de 15 minutes sous l'eau. Les plus jeunes seraient particulièrement fans des douches longues. Mais pour se laver les mains, près de 9 Français sur 10 auraient l'habitude d'arrêter l'eau du robinet.

Encouragez les **bonnes habitudes**

Tout cela est déclaratif. Qui sait ce que nous faisons vraiment dans notre salle de bains quand personne ne regarde ? Il est certain qu'il faut encourager les bonnes habitudes dès le plus jeune âge : prendre des douches aussi courtes que possibles (en arrêtant l'eau pendant que nous nous savonnons, on économise 20 litres d'eau) et couper l'eau également lorsque nous nous lavons les dents ou les mains. Pour réduire la consommation d'eau, mais aussi la quantité des eaux usées à traiter et la facture à payer !

La chasse au gaspillage d'eau

Une chasse d'eau qui fuit représenterait un gaspillage de 25 litres par heure, soit 220 m^3 par an. On a intérêt à faire attention !

- Les toilettes avec **une chasse d'eau à double commande** économisent l'eau.
- Quand c'est possible, **les toilettes sèches** représentent une solution encore plus radicale.
- Pour le lavabo et la douche, on peut installer **des réducteurs de débit** sur les robinets et des mitigeurs thermostatiques pour le réglage de la température.
- Par ailleurs, on fait attention à ne pas faire tourner **des lave-linge ou des lave-vaisselle à moitié vides** et à utiliser les cycles Eco.

- **Si on a un jardin**, l'utilisation de l'eau pose aussi des questions, du choix des plantes à l'arrosage interdit pendant les périodes de sécheresse.
- Et ailleurs, **dans la cuisine**, on ne gaspille pas l'eau non plus. Ainsi, laver les légumes dans un récipient comme une bassine permet de réutiliser cette eau pour arroser les jardinières, par exemple.

Cependant, cette eau potable qui coule à volonté, apprécions-la et émerveillons-nous en. Avec le psychiatre et spécialiste de la pleine conscience Christophe André, savourons chaque instant de notre douche, ce moment de plaisir qui est un luxe. Ne le prenons pas comme allant de soi.

LE SAVIEZ-VOUS ?

✓ La sécheresse est un phénomène naturel caractérisé par un manque d'eau sur une durée suffisamment longue pour affecter les sols et la végétation.
En France, on considère qu'il y a sécheresse absolue lorsqu'aucune goutte de pluie n'est tombée pendant 15 jours consécutifs. Une consommation d'eau excessive pour les activités humaines peut entraîner une aggravation de la sécheresse.

Source : Le Centre d'Information sur l'Eau (Veolia, Suez, Fédération Professionnelle des Entreprises de l'Eau)

Et les autres déchets ?

Dans notre société du jetable et de l'usage unique, la salle de bains n'est pas épargnée. Comme pour chacun de nos actes de consommation, nous devons réfléchir et résister.

- **Les cotons démaquillants** sont en train d'être détrônés par les bons vieux gants de toilettes et autres carrés de tissus, lavables et réutilisables.
- **Les cotons-tiges** sont aussi en voie de disparition, programmée pour le 1er janvier 2020. À la place, si nécessaire, on se procure un cure-oreille en métal ou en bambou.
- On évite **les rasoirs jetables** qu'on remplace par un blaireau et du savon.
- **Les brosses à dents à têtes interchangeables** réduisent les déchets et les matières alternatives au plastique existent, le bambou notamment.
- **Les peignes en corne** (ceux de la marque Laurent Loriac® fabriqués dans le Périgord, par exemple) remplacent les peignes en plastique.
- Enfin, **les coupes menstruelles**, une invention qui a pourtant presque 100 ans, sont devenues une alternative de plus en plus commune aux tampons et serviettes jetables. On parle moins des serviettes hygiéniques en tissu, mais elles sont également disponibles.

LE SAVIEZ-VOUS ?

✓ Nous produisons en moyenne 300 millions de tonnes de plastiques par an. Dont 8 à 12 millions de tonnes qui se retrouvent dans les océans. Résultat ? Plus d'un million d'oiseaux et 100 000 mammifères marins en meurent.

Source : Greenpeace

Orientez-vous vers des cosmétiques **plus respectueux**

Le fait maison et le vrac s'installent aussi dans la salle de bains. Les shampoings, déodorants, dentifrices, gels douche, crèmes visage et autres produits cosmétiques sont de gros producteurs d'emballages. Sans parler de tous leurs ingrédients plus ou moins indésirables (allergènes, perturbateurs endocriniens, irritants, silicone, parabènes...) que l'application gratuite QuelCosmetic® de l'UFC-Que choisir permet de traquer dans des milliers de produits. Les consommateurs avisés trouvent des alternatives.

La mode du fait maison demande un peu de temps et d'engagement. Dans leur livre *Famille presque Zéro Déchet*, Jérémie Pichon et Bénédicte Moret consacrent un chapitre aux cosmétiques et donnent des recettes de cosmétiques faits maison. Ça peut sembler impressionnant, c'est en décalage avec des années d'habitudes. Mais c'est une démarche qui a un sens écologique et économique. Et dans laquelle on peut impliquer les enfants ! Au lieu de faire un gâteau, on fabrique ensemble son shampoing ou sa lessive.

Pensez au vrac

Si le fait maison vous semble trop énergivore, la bonne nouvelle est que les produits liquides sont en train de se mettre au vrac. À Paris, le Naked Shop® vend shampoings, savons, lessives et autres produits de nettoyage en libre-service dans des flacons en verre consignés ou dans vos propres contenants. Des enseignes bios proposent aussi des produits cosmétiques en vrac.

Repensez votre consommation de produits ménagers

Bonne nouvelle, ce qui s'applique aux produits cosmétiques vaut aussi pour les produits ménagers : on peut faire sa lessive ou son détergent vaisselle soi-même et on peut désormais les acheter en vrac dans des magasins de plus en plus nombreux. Et en passant, pourquoi ne pas faire un peu le ménage ? Est-ce nécessaire de s'équiper de dix produits spécialisés quand un détergent universel ou le bon vieux vinaigre ménager ferait aussi bien l'affaire ? Autre question de fond : est-il nécessaire de se culpabiliser autour d'une maison impeccable ? Vos amis viennent-ils vous rendre visite, à vous ou à votre intérieur parfait ?

5 POUR LES TRANSPORTS, PRIVILÉGIEZ DES MODES DE DÉPLACEMENTS BASSE CONSOMMATION

Tous les incroyables moyens de transport que nous avons inventés depuis l'ère industrielle consomment des énergies fossiles non renouvelables – du charbon et du pétrole – et émettent du CO^2. La voiture, le train, l'avion nous permettent de défier le temps et l'espace, mais ont des conséquences sur notre environnement. Surtout parce que nous avons adopté depuis quelques décennies des modes de vie très nomades et plus ouverts sur le monde. Nous vivons plus loin de notre travail, nous nous divertissons plus loin de chez nous, nous voyageons plus souvent.

LE SAVIEZ-VOUS ?

✓ En France en 2015, le secteur des transports représentait 33 % de la consommation d'énergie finale, en augmentation par rapport à 29 % en 1990. C'était également le principal émetteur de CO^2 : 39 % des émissions totales de gaz à effet de serre.

Source : Ademe

Des alternatives sont apparues, mais là encore nous devons nous poser des questions pour changer nos habitudes. La bonne nouvelle est qu'on peut imaginer que des habitudes prises dès l'enfance sembleront naturelles aux générations actuelles, même si elles en coûtent à leurs parents élevés à l'ère de la voiture reine. En tout cas, l'éco-mobilité est un enjeu sociétal majeur et un acte citoyen militant.

LE SAVIEZ-VOUS ?

✓ En 2015 toujours, la route représentait plus de 80 % des consommations d'énergie du secteur des transports, suivi de l'aérien (15 %), du ferroviaire (2 %) et de la navigation intérieure (0,4 %). À l'intérieur du transport routier, les voitures représentent plus de 61 % des consommations, devant les véhicules utilitaires légers (20 %), les camions (14 %), les bus et autocars (4 %) et les deux-roues (1,5 %).

Source : Ademe

➔ Repensez vos **déplacements**

Les chiffres sont implacables et donnent à réfléchir. Notre addiction à la voiture a des conséquences. Pas uniquement en termes de **consommation d'énergie** et de **rejets** d'ailleurs, mais aussi en occupant massivement le paysage naturel et en provoquant une **pollution sonore** nocive pour notre santé.

Dans ce domaine, les citadins et les ruraux ne sont pas logés à la même enseigne car ils n'ont pas les mêmes options à leur disposition. Quand on parlait dans l'introduction d'un mélange de responsabilité personnelle et de choix sociétaux, les transports en sont l'exemple par excellence. Nous ne pouvons pas changer à titre individuel tout un système de transports. Mais de nombreux comportements sont de notre ressort.

Quelles **alternatives ?**

Pour aller chercher le pain ou aller au cinéma par exemple, devons-nous vraiment prendre la voiture ? En décidant de prendre 20 ou 30 minutes de plus, nous pourrions y aller à pied ou bien enfourcher notre vélo. En plus de l'impact positif sur l'environnement, nous ferions de l'exercice physique et nous aurions l'occasion de remarquer un détail nouveau dans le quartier et peut-être d'engager une conversation enrichissante avec un voisin. Cette réflexion s'applique aux urbains bien pourvus en transports en commun. Au lieu de sauter dans le métro ou dans le bus, la marche est-elle une option ? Un déplacement à énergie humaine est toujours une option plus douce sur l'environnement.

La mobilité collective

Là encore, les urbains ont sans doute plus facilement accès à des solutions alternatives, même si des initiatives ont été lancées dans des régions rurales.

- **Les plateformes de partage** dans le domaine des transports sont entrées dans les mœurs. On pense au covoiturage pour les longs trajets (Blablacar®) ou pour les déplacements quotidiens (Blablalines® est une déclinaison pour les trajets de tous les jours).
- Des solutions, sous formes encore expérimentales, se développent aussi **en régions péri-urbaine**s (Covoitici®).
- Le partage consiste également à **louer une voiture à un particulier** via une plateforme tierce et sous couvert d'une assurance. On pense à OuiCar® ou à Drivy®.
- Sans oublier les options pour **louer une voiture électrique** qui ont fleuri dans les villes (Free2move®).

Sur le chemin de l'école

En 2011, 73 % des écoliers allaient à l'école en voiture, même si la majorité d'entre eux habitait à moins d'un kilomètre de leur école. Comment peut-on revoir l'organisation familiale pour prendre le temps de faire le chemin à pied ? Des parents et des villes s'organisent. Connaissez-vous le pédibus et son copain le vélobus ? Développé au Canada et en Australie, le principe de ramassage scolaire pédestre a inspiré Genève dès 1999 et Lausanne en 2001. À Lausanne où 21 lignes rejoignent 13 collèges, le parent-référent du quartier définit avec les parents l'itinéraire le plus sécurisé pour se rendre à l'école.

Et en France ? Le principe se répand aussi dans plusieurs villes et régions. On recense des pédibus spontanés, associatifs ou soutenus par la collectivité. Depuis 2008, le réseau Mille Pattes® aide les parents à s'organiser. Ce réseau a pour objectif de promouvoir l'éco-mobilité scolaire avec notamment la mise en place de lignes de pédibus/vélobus sur les trajets domicile-école ainsi que des trajets en covoiturage scolaire.

Un pédibus formalisé exige de l'organisation, des parents accompagnateurs, un itinéraire, des horaires, une assurance. Résultat : **des enfants plus responsables de leurs déplacements et plus actifs physiquement** (on rappelle que l'Organisation mondiale de la santé recommande 30 minutes d'activité physique par jour pour une meilleure santé), **une empreinte écologique réduite, des liens sociaux renforcés dans le quartier**. Oui, il faut de l'organisation pour se lancer et faire vivre le réseau. Mais quels avantages ! Et à partir d'un certain âge, à déterminer en famille, les enfants n'ont plus besoin de cet encadrement.

LE SAVIEZ-VOUS ?

✓ Dans la majorité des régions françaises, plus de 83 % des ménages possèdent une voiture. Entre 66 % et 73 % des Franciliens possèdent leur propre voiture.

Source : Insee

Le retour naturel du vélo

À la suite des Pays-Bas, de l'Allemagne et des pays scandinaves, la France « redécouvre » le vélo comme moyen de transport quotidien. « En ville comme dans les campagnes, le vélo fait l'objet d'un engouement de masse. Sa résurgence est le signe d'une quête collective de ralentissement, d'exercice physique et de proximité avec la nature », écrivait en 2017 le magazine *Sciences Humaines*.

Les cyclistes s'organisent pour reconquérir les rues. Cherchez l'association la plus proche de chez vous ou rejoignez la Fédération française des Usagers de Bicyclettes (FUB). Ces militants n'ont pas manqué de remarquer que le gouvernement français avait annoncé fin 2018 un plan vélo chargé de développer les aménagements cyclables, lutter contre le vol et créer un cadre incitatif qui reconnaît l'usage du vélo comme un mode de transport vertueux.

Autres signes de ce mouvement sociétal de fond, on rencontre dans les rues des vélos triporteurs pour transporter jusqu'à 7 enfants et on voit apparaître des ateliers participatifs pour entretenir et réparer les vélos. Devenir plus débrouillard et auto-suffisant en apprenant à réparer soi-même son vélo est un autre bénéfice de cette tendance.

LE SAVIEZ-VOUS ?

✓ La part des déplacements à vélo en France est de seulement 3 % des déplacements quotidiens, quand la moyenne européenne est de plus du double. L'objectif du gouvernement est d'atteindre 9 % en 2024, l'année des Jeux olympiques.

Source : Premier ministre

L'avion pointé du doigt

On en reparlera dans le chapitre consacré aux voyages. En termes de pollution, l'avion est de plus en plus décrié. Il faut dire que le secteur de l'aviation est responsable de 2 % des émissions mondiales de carbone avec une prévision de 16 % à l'horizon 2050. La « honte de voler » incite carrément certains à boycotter ce moyen de transport. Encore marginal, le mouvement a été mis en avant depuis que la presse commente les déplacements de Greta Thunberg. Pour d'autres, il s'agira de souscrire à un programme de compensation carbone. L'association Cybelle Planète a comparé différents programmes et recommande Atmosfair®, My climate® et CO2 Balance®.

6 LOISIRS : REPENSEZ VOTRE MODE DE CONSOMMATION

Jusque-là, nous avons abordé des activités humaines indispensables (se nourrir, s'habiller, se déplacer). Mais jouer et se divertir est d'un autre ordre. Le degré de liberté dans nos choix est plus grand. C'est un domaine où nous pouvons sans doute plus aisément mettre en œuvre les principes qui nous sont importants. Si réduire vos déchets et votre impact sur l'environnement compte pour votre famille, interrogez vos habitudes familiales à cette aune et adoptez des comportements qui reflètent vos valeurs.

TROIS IDÉES ZÉRO DÉCHETS

√ **Participez à un « trash tag challenge » :** il s'agit de trouver un lieu défiguré par les déchets, de le nettoyer et de poster des photos avant et après sous le hashtag trashtagchallenge.

√ **Visitez la Fabuleuse Cantine à Saint-Étienne et La Rochelle :** un lieu culturel et créatif qui sert une cuisine anti-gaspillage alimentaire.

√ **Faites pression sur les livreurs de plats à domicile** pour qu'ils changent leurs pratiques : ce mode de consommation qui a le vent en poupe est champion de l'emballage à outrance et du tout jetable, en plus d'être le cadre de pratiques sociales déplorables.

Un nouveau rapport **aux livres**

Dans certaines familles, une bibliothèque bien garnie est une source de plaisir et de fierté dès le plus jeune âge. Nous aimons garder nos livres préférés à portée de main pour les retrouver encore et encore. Il ne s'agit pas de se débarrasser de votre bibliothèque bien sûr, mais comment consommer autrement ?

- **Une carte d'emprunt à la bibliothèque municipale,** avant même de savoir lire, est un sésame pour une vie de lecteur de la façon la plus mutualisée qu'il soit.
- **De nouvelles méthodes de partage** ont également émergé avec les trocs de livres : boîtes installées en ville où chacun peut se servir, table au marché pour échanger et discuter, livres laissés sur un banc pour être découverts par un passant (ça s'appelle le *bookcrossing* et un site vous ouvre les portes de ce mouvement mondial de passeurs de livres).
- Si vous devez acheter un livre spécifique, **pouvez-vous l'acheter d'occasion ?** Pouvez-vous ensuite le partager avec d'autres pour lui offrir une seconde vie ?

À moins que vous ne soyez adepte des e-books qui ne consomment pas de papier, mais des ressources électroniques (n'oublions pas que les liseuses et les plateformes informatiques consomment des ressources et de l'énergie). Même chose pour la musique et les films que nous ne possédons plus « en dur », mais que nous achetons ou louons sous format électronique...

➔ Jeux de société **en partage**

Dans l'univers de la chambre, nous avons abordé pourquoi « moins, c'est mieux » (voir clé n° 3). Réduire le nombre de jouets peut passer par une autre forme d'accès aux jeux et aux jouets. Bien sûr, il y a **les ludothèques** qui, dans certaines villes, complémentent **les bibliothèques** et les médiathèques. Au sein de votre sphère familiale ou amicale, vous pouvez mettre en place votre propre système informel de « ludothèque ». En plus de limiter la consommation de ressources, cette méthode permet la découverte de nouveaux jeux.

BON À SAVOIR

✓ Dans certains centres sociaux, on organise des après-midis dédiés aux jeux, notamment aux jeux de société. Un animateur met à disposition divers jeux et on les essaie avec ses conseils en cas de besoin. Que de découvertes, de rencontres avec d'autres habitants qu'on n'aurait jamais croisés et surtout de moments agréables au sein de la famille ! Car le jeu est un outil de développement pour l'enfant et un catalyseur de liens inégalé.

Quand on sait que des centaines de nouveaux jeux sortent tous les ans, on n'a pas fini de s'amuser. Si ces lieux de partage n'existent pas dans votre quartier ou votre ville, vous pouvez peut-être le suggérer, voire participer à la mise en place d'un moment de ce genre. C'est **un antidote parfait** à l'invasion du tout électronique.

LE SAVIEZ-VOUS ?

✓ Pour se tenir au courant des derniers jeux, suivez les lauréats de L'As d'Or Jeu de l'Année, une récompense décernée chaque année depuis 1988 à un nouveau jeu de société. Le site Tric Trac recense 18 000 jeux de société, avec avis de joueurs et explications à l'appui. En tout cas, dans l'esprit de réduire vos déchets, l'idée est de partager et d'échanger.

➔ L'électronique sur la sellette

Nos loisirs ont de plus en plus un goût électronique : consoles de jeux vidéo, tablettes, téléphones portables, ordinateurs ont envahi nos foyers. Les constructeurs proposent sans cesse de nouveaux modèles, dans une course effrénée soutenue par un marketing intense. D'ailleurs, on se rend compte que la durée de vie de ces équipements se réduit : la durée de vie moyenne d'un ordinateur en 2005 était de 2 ans contre 6 ans en 1997. Vous avez dit développement non durable ?

Car en parallèle, on sait bien que **ces équipements sont très gourmands en ressources premières non renouvelables.** Plusieurs matières premières nécessaires à la fabrication des biens électroniques seront épuisées dans les quelques dizaines d'années à venir ou devenues plus difficiles à exploiter (le hafnium, l'argent, l'antimoine, le palladium, l'or, le zinc, le tantale, le cuivre, l'uranium, le nickel...). Et à l'autre bout du cycle de vie, ces biens sont sources de déchets toxiques souvent expédiés dans des pays lointains après usage.

Selon le blog GreenIT, les technologies de l'information (TIC) émettent 2 % des émissions de gaz à effet de serre liées à l'humanité, même si on peut par ailleurs leur reconnaître le mérite de limiter les émissions liées à d'autres activités humaines. Il est donc urgent de penser leur éco-conception, leur consommation d'énergie ainsi que leur recyclage et leur réemploi.

LE SAVIEZ-VOUS ?

✓ En 2017, plus de 90 % des ménages français étaient équipés de téléphones portables (contre 50 % en 2001). Plus de 60 % possédaient des ordinateurs portables (contre 2 ou 3 % en 2001). Et plus de 40 % s'étaient laissés tenter par des tablettes (contre 1 ou 2 % en 2011… elles n'existaient pas en 2001).

Source : Insee

• *Résister à la tentation*

Cette injonction est teintée de connotation morale, voire religieuse. Lorsque posséder le dernier gadget électronique, voire faire la queue toute la nuit devant un magasin pour être parmi les premiers à l'obtenir, est devenu si lié à notre statut social, il faut faire preuve de beaucoup de volonté pour résister. À partir de 2005, l'éco-participation à la collecte et au recyclage des déchets des équipements électriques ou électroniques (DEEE) prélevée sur les nouveaux équipements a permis de financer le traitement du « stock historique » d'anciens équipements. En 2012, on a prolongé la durée de cette éco-participation pour continuer à traiter correctement les déchets produits par notre consommation frénétique.

Avant d'en arriver au recyclage, comment pourrions-nous **changer nos comportements ?** De nombreuses associations ou entreprises de l'économie sociale et solidaire redonnent une seconde vie aux équipements (Emmaüs, le réseau Envie® présent dans toute la France, l'ESAT Ecodair® dont les employés souffrent de troubles psychiques). Car ces entreprises de reconditionnement sont souvent des solutions d'insertion professionnelle pour des personnes éloignées de l'emploi. D'autres réseaux, commerciaux ceux-là, proposent aussi la réparation et l'achat de produits reconditionnés.

LE SAVIEZ-VOUS ?

✓ Les smartphones reconditionnés représentaient en 2019 entre 10 et 15 % des ventes. Ces appareils garantis 100 % fonctionnels sont vendus entre 30 et 50 % moins cher que des téléphones neufs, en fonction de leur âge et de leur état général (rayures, état de la batterie, etc.). Le grade A+ indique un excellent état, A des micro-rayures, B des traces plus marquées et C des traces bien prononcées. Le prix baisse en parallèle de l'usure.

Source : UFC-QueChoisir

7 EN VOYAGE, PRIVILÉGIEZ LE SLOW TOURISME

Le tourisme n'est pas très bon pour la planète. Prendre l'avion, consommer beaucoup de ressources, notamment d'eau, dans des zones fragiles, contribuer à des pratiques peu respectueuses de la population locale... nous pourrions nous poser beaucoup de questions avant de partir en vacances. Comme pour le gaspillage dans l'assiette ou la garde-robe, interrogez-vous sur vos pratiques habituelles de vacances et sur leur impact. Ouvrez le débat en famille pour faire naître une prise de conscience. Peut-être que là aussi, vous découvrirez que moins c'est mieux. Partir moins loin, faire moins d'activités, dépenser moins...

LE SAVIEZ-VOUS ?

✔ En 2018, le tourisme international a continué d'exploser. L'année dernière, ce sont 1,4 milliard de personnes qui se sont rendues dans un pays étranger, avec au moins une nuit sur place. Soit une croissance de 6 % sur un an. En 1950, seulement 25 millions de personnes avaient voyagé au-delà de leurs frontières. Dans le même temps, on estime que 40 % des Français ne partent pas en vacances, principalement pour des raisons financières.

Source : Organisation mondiale du tourisme

Pourquoi la mode **du slow** ?

À quoi correspond cette qualification « slow » accolée à plusieurs pratiques : slow food, slow money, slow tourisme ? En réaction à l'accélération symbolisée par le fast-food notamment, il s'agit au contraire de ralentir. Dans le cas du mouvement slow food, il s'agit de privilégier une alimentation ancrée dans le local par contraste avec le fast-food industriel. Ces grands principes sont transposables au tourisme.

S'intégrer à la population locale

Dans le cas du slow tourisme ou tourisme lent, on parle de partir moins souvent sans doute, mais aussi **plus longtemps** et **moins loin**. Une tendance à l'opposé des week-ends prolongés dans les capitales européennes très à la mode depuis quelques années ! Plus longtemps, car on cherche à aller au-delà de quelques attractions connues, visitées en deux temps trois mouvements pour les rayer de la liste. Dans cet esprit, on ne « fait » pas l'Italie ou le Vietnam. Il s'agit plutôt d'adopter le rythme de vie de la population locale, de fréquenter les mêmes lieux plus authentiques et moins ciblés pour les touristes, de comprendre les enjeux locaux. On privilégie les rencontres et surtout la qualité plus que la quantité de musées visités, de sites découverts, de kilomètres parcourus. Et surtout, on a à l'esprit de ne pas accentuer les difficultés locales pour l'environnement ou pour les habitants.

Partir moins loin

Partir moins loin est un autre point important. Les avions sont montrés du doigt (voir clé n° 5). On porte ses choix vers des destinations plus proches et des moyens de transport moins polluants (le train, le bateau, le vélo...). Le voyage en lui-même est une source de découverte et d'émerveillement, pas un passage obligé sans intérêt. En résumé, le slow tourisme est une réaction au « tourisme de plage massifié et standardisé » du XXe siècle qui a dénaturé certaines régions du monde comme les zones littorales ou le Mexique. C'est une alternative plus réfléchie autour de nos raisons de voyager et de notre impact sur place.

LE SAVIEZ-VOUS ?

✓ « Entre 2009 et 2013, l'empreinte carbone globale du tourisme est passée de 3,9 à 4,5 gigatonnes (milliards de tonnes) d'équivalent gaz carbonique, quatre fois plus que ce qui avait été précédemment estimé », a calculé une étude publiée en 2018 par des chercheurs. Le secteur du tourisme représente 8 % des émissions de gaz à effet de serre.

Source : Étude *The carbon footprint of global tourism* dans la revue Nature Climate Change (2018)

Rêver les vacances, préambule au voyage

Comment choisir votre destination ? La concurrence pour attirer notre attention de touristes en puissance est intense. Publicités dans les magazines ou le métro, la machine à faire rêver est toujours présente en toile de fond. Nos neurones réagissent à ces images de plages ou de familles folâtrant dans un magnifique paysage. Mais que cherchons-nous vraiment dans un voyage en famille ? Une bonne question, très complexe finalement, à se poser ensemble. Votre enfant commence l'italien ou se passionne pour les volcans ? Vous avez envie de découvrir la région dans laquelle une partie de votre famille plonge ses racines ? Vous recherchez surtout le calme et le contact avec la nature ? Un roman a suscité votre curiosité ? Vous avez envie de vivre dans une yourte ou dans une cabane perchée ? Les moteurs de vos envies sont multiples. Peut-être pouvez-vous installer **une boîte à idées où chacun déposera des suggestions**. En tout cas, pas besoin d'aller à l'autre bout du monde pour passer de bonnes vacances en famille.

Voyager autrement, une explosion d'alternatives

Vacances sur une péniche, en vélo, en randonnée avec un âne, dans un monastère (oui, c'est possible avec des enfants et sans être croyant). Cela fait un moment que l'on voit fleurir des options plus lentes. Les professionnels du tourisme ont bien flairé l'intérêt pour des vacances différentes. En plus du tourisme responsable et durable (attention à la jungle des labels : Green Globe, la Clé Verte, l'écolabel européen, Agir pour un Tourisme Responsable/ATR, Gites Panda, Label Tourisme et Handicap...), on parle aussi **d'écotourisme, de tourisme équitable, de tourisme participatif, solidaire et humanitaire**. Dans ce dernier cas, il s'agit de participer à l'amélioration des conditions de vie des populations locales en participant à des projets sur place. Cependant, attention aux dérives des tour-operators proposant des « circuits humanitaires » hypocrites aux associations aux objectifs troubles. Les ONG œuvrant dans ce domaine, elles-mêmes pas toujours à l'abri des critiques, sonnent l'alerte sur ces récupérations. Attention aussi à bien examiner vos propres intentions. On l'aura compris, ces voyages ne sont pas une excuse pour se donner bonne conscience et rapporter des selfies flatteurs.

L'exemple du woofing en famille

Les vacances qui connectent les vacanciers à la nature ont le vent en poupe : vacances en roulotte ou en péniche, vacances à la ferme ou en gîte rural existent depuis longtemps.

- Depuis peu, on entend aussi parler du **wwoofing** (*world wide opportunities on organic farms*) : il s'agit d'aller vivre et apprendre dans une ferme biologique. C'est possible en famille, à condition que tout le monde soit d'accord. Si vous ne voulez pas aller très loin, plus de 1 500 paysans biologiques français accueillent ainsi des curieux pour partager leur vie et leurs pratiques respectueuses de l'environnement. Mais le wwoofing se pratique partout dans le monde, les opportunités de découverte sont infinies.
- Autre alternative, le site **workaway** où l'on troque un hébergement contre du travail. La mise en relation vous en coûtera quelques dizaines d'euros d'abonnement annuel. Lui aussi mondial, ce réseau créé en 2002 met en relation des voyageurs qui veulent donner un coup de main (bricolage, garde d'enfants…) et des hôtes qui peuvent être aussi bien des personnes seules que des familles ou des groupes. À expérimenter dans les deux sens, en tant qu'hôte ou en tant que « workawayer ».

- Également populaire, économique et prometteur de rencontres, **les sites d'échanges de maisons et appartements entre particuliers** (Intervac®, homeexchange®).

Appréciez le moment

En harmonie avec les pratiques de *mindfulness* ou pleine conscience très en vogue, les vacances peuvent être un moment pour apprécier les petits bonheurs simples.

- **On éteint les appareils connectés** et on se concentre sur le moment : un brunch préparé en famille, un livre lu à voix haute au fil de plusieurs soirées, un projet de bricolage mené par un binôme parent-enfant.
- **Sur les lieux de vacances, de nombreuses sollicitations** viennent tenter les visiteurs : parcs d'attractions en tous genres, fêtes foraines, visites. Au lieu de vous ruer dans tous les lieux de consommation imaginés par le bureau du tourisme, **passez du temps à vous immerger dans la culture locale.** Allez au marché, jouez à la pétanque, faites la sieste. Vos enfants apprendront qu'il n'est pas besoin d'acheter ou de multiplier les visites pour s'éveiller aux autres cultures.
- Et enfin, **si on restait à la maison pour profiter de tout ce qu'on ne fait pas d'habitude ?** Par nécessité financière ou par choix, les « staycations » comme on dit en anglais sont peut-être une nouvelle tendance. Prendre le temps, faire des expériences inédites à côté de chez soi, flâner dans son propre quartier. Et si le dépaysement était plus proche que vous ne le pensiez ?

8 TOURNEZ-VOUS VERS DES LOISIRS VOUS RAPPROCHANT DE LA NATURE

La nature est l'une des sources de loisirs les plus inépuisables et les plus abordables. **Fréquenter la nature, c'est aussi apprendre à la respecter et développer l'envie de la protéger.** Depuis plusieurs décennies, de nombreuses études scientifiques montrent encore et encore les bienfaits spécifiques de la nature pour les enfants. En 2005, c'est l'*American Medical Association* qui écrivait que « Les enfants seront plus intelligents, mieux à même de s'entendre avec leurs camarades, en meilleure santé et plus heureux s'ils ont régulièrement l'occasion de jouer librement et sans règles à l'extérieur ».

Heureusement, il n'est pas besoin de vivre à la campagne, à la mer ou à la montagne pour se plonger dans la nature. On assiste à une vague de végétalisation des villes depuis quelques années. Parce qu'en plus des bienfaits pour la santé physique et mentale des humains, la nature en ville encourage la biodiversité si menacée et contribue à rafraîchir les villes. Le contact avec la nature fait partie de notre humanité. Retrouvons-le.

La nature revient en ville

Voici quelques suggestions en famille. Est-ce que l'une d'entre elles vous tente, vous et vos enfants ?

- **Jardiner sur le balcon, le rebord de fenêtre, à l'intérieur**. Quelle que soit la taille de l'espace dont on dispose à la maison, les plantes peuvent y trouver leur place. Pour mettre en pratique les principes de récupération, vous pouvez pratiquer l'échange de graines ou de boutures plutôt que d'acheter en jardinerie. Vos voisins ont-ils des plantes ? Ce sera l'occasion de discuter. Certaines associations, parfois des bibliothèques, organisent des trocs de plantes. Au bout de quelques mois, vous aurez vous aussi des contributions à apporter. S'occuper des plantes apprend aux enfants à prendre soin et à respecter le vivant, à être patient, à profiter du fruit de leurs efforts (fraises, framboises, tomates cerises, herbes...).
- **Découvrir les parcs et les jardins publics**. Autour de vous, parfois un peu cachés, parfois étonnamment vastes, il existe des parcs et des jardins qui n'attendent que vous. Ce sont des poumons verts, des lieux pour sortir avec les enfants, pour pique-niquer, pour courir, faire du vélo et des jeux, pour aller lire tranquillement. Profitez-en !
- **Pique-niquer en ville**. Là encore, les villes aménagent de plus en plus de lieux de promenades, le long de leurs rivières notamment, pour accueillir les promeneurs. De nombreuses options de restauration, parfois chics et chères, s'y installent. Mais rien n'empêche de venir profiter de ces lieux avec votre sac à pique-nique familial qui aura banni le tout plastique et le tout jetable. Toujours prêt, votre sac n'attendra qu'un rayon de soleil et quelques courses pour partir en expédition. Les jeunes enfants adorent.

Des pistes d'activités collectives

Les loisirs nature sont de parfaites occasions pour se rapprocher des autres avec ces activités.

- **Créer un club CPN (Comprendre et Protéger la Nature)**. Les CPN, ce sont « une famille, un groupe d'enfants, d'ados, de jeunes (voire d'adultes) qui s'intéressent à la nature et qui ont décidé de mieux Connaître et Protéger la Nature ensemble ». Depuis 1972, les CPN organisent des activités pédagogiques et ludiques, soutenus par une fédération nationale qui leur apporte de multiples ressources (fiches d'activités, magazines...) Notons aussi leur opération « Nature en famille » qui suggère des pistes aux familles sans créer un club.
- **Rejoindre ou créer un jardin partagé**. Beaucoup de grandes villes disposent d'espaces dédiés aux jardins partagés dans un parc, dans une rue... Là aussi, ce n'est pas la taille qui compte. En principe, une association se crée et signe un contrat avec la municipalité pour accéder à ce lopin de terre, dans le respect de certaines règles : ne pas utiliser de pesticides, être ouvert aux passants, par exemple. Le jardin partagé s'invente entre jardiniers. C'est un espace collectif, ouvert aux autres et créateur de liens. La récupération est encouragée : palette pour construire des bancs ou des jardinières, troc de graines et de plantes, don de pots, herbe tondue récupérée auprès des jardiniers des Espaces Verts à déposer au pied des plantes pour limiter l'arrosage...

- **Végétaliser la ville**. Prenons l'exemple de Paris. La Ville de Paris a lancé un vaste programme pour encourager les habitants à planter au pied des arbres, à installer des jardinières, à fleurir les potelets. Au besoin, la Maison du Jardinage à Bercy propose dans un cadre agréable des informations et des conseils aux jardiniers. La débrouillardise, l'entraide entre voisins font le reste. Vous constaterez très certainement que planter cultive aussi les relations de voisinage et modifie notablement l'ambiance du quartier. Et Paris n'est pas la seule ville en France qui s'est emparée de ce mouvement de végétalisation urbaine qui répond à un profond besoin sociétal et humain.

LE SAVIEZ-VOUS ?

✓ Envie de quitter vos chaussures ? Une bonne façon de se rapprocher de la nature et de changer de perspective est de se déchausser. À pratiquer sur une pelouse ou dans la forêt. C'est simple et gratuit. Il existe aussi des sentiers pieds nus aménagés un peu partout en France (vous traverserez des passages dans l'eau, la boue, les cailloux...). En solo ou encadrées, ces balades sensorielles apportent un sentiment inégalé de liberté.

➔ Des activités nature **accessibles**

En s'éloignant un peu des villes, si possible en transports en commun ou en transports doux, une autre nature vous attend. Dans un esprit anti-gaspillage, pensez à louer, à emprunter ou à acheter d'occasion les équipements nécessaires dans la mesure du possible (sacs à dos, vêtements de pluie, équipement divers en fonction de l'activité). De nouveau, voici des suggestions dans lesquels piocher celles qui conviennent aux goûts de votre famille.

- **Visiter un des 10 parcs nationaux et des 54 parcs naturels régionaux**. Une source inépuisable d'expéditions variées à la mer, la montagne ou dans la forêt.
- **Pratiquer le shinrin-yoku**. La sylvothérapie ou shinrin-yoku (*shinrin* veut dire forêt et *yoku* bain en japonais) est une immersion sensorielle dans la forêt, tous les sens en éveil. On regarde attentivement la verdure et les alentours, on écoute les oiseaux et le vent, on renifle l'air et les essences, on caresse le tronc d'un arbre ou on marche pieds nus sur les feuilles et la mousse, éventuellement on goûte un thé d'écorce ou simplement l'air frais. Quoi de plus simple ou de plus bénéfique ?
- **Rejoindre un club de randonnée**. La Fédération Française de Randonnée Pédestre est présente dans tous les départements. Elle pense aux familles avec des conseils dédiés (jusque vers 3 ans, l'enfant est porté).
- **Pratiquer une activité en pleine nature**. Camping, VTT, ski de fond, canoë-kayak, rafting, tous ces plaisirs sont accessibles et produisent peu de déchets tant qu'on applique des principes frugaux pour s'équiper et que l'on ne laisse aucune trace de son passage.
- **Oser un stage de survie en famille**. Construire un abri à partir des matériaux sur place et démarrer un feu, voici le B.A.-BA de ces stages qui sont proposés dans différentes régions de France. Un repas préparé

et dégusté en pleine nature n'a pas son égal dans les restaurants les plus étoilés. Avec les stages plus intenses (orientation, pêche, pièges...), vous scotcherez les ados.

- **S'impliquer dans une association**. Il existe de nombreuses associations de protection de la nature et des animaux. Vous pouvez aussi aider les chercheurs à compter les oiseaux ou les papillons, participer à des campagnes de nettoyage des plages, aider à entretenir des sentiers en forêt...

LE SAVIEZ-VOUS ?

✓ Le cadre de prédilection des Français pour faire du sport, pour l'activité principale, est le plein air ou « outdoor » (47 %, dont 36 % en milieu naturel et 11 % en plein air en ville). Pour le reste, 29 % pratiquent principalement dans une installation sportive et 18 % à la maison. Par plein air en milieu naturel, l'étude entend dans une forêt, un bois, à la mer, sur un lac, à la montagne, à la campagne tandis que le plein air en ville couvre les parcs, jardins publics et rues. D'ailleurs après la santé, la détente, le plaisir et l'amélioration de l'apparence, c'est le contact avec la nature qui est cité comme raison pour pratiquer une activité physique et sportive.

Source : Baromètre national des pratiques sportives 2018 (INJEP, 2019)

9 CRÉEZ DES SECONDES VIES AUX VIEUX OBJETS

Il est fini le temps où tous les déchets partaient à la poubelle et finissaient dans une décharge ! À vrai dire, nous n'avons rien inventé en réintroduisant et en formalisant le recyclage après la Seconde Guerre mondiale et surtout à partir des années 1970. La plupart des sociétés depuis l'âge bronze ont pratiqué la réutilisation de matériaux (métaux, matériaux de construction...). Mais avec l'industrialisation et la société de consommation, nous étions allés au-delà du raisonnable à la fois dans la surexploitation des ressources et dans l'augmentation de la quantité de déchets à gérer.

Le mirage du **recyclage**

Pendant un temps au XXe siècle, ces déchets ont perdu leur valeur : on ne cherchait plus à les valoriser comme dans les siècles précédents. On les stockait, on les incinérait. Jusqu'à ce qu'une prise de conscience des excès nous ramène à voir les déchets autrement. Mais attention : l'image d'une économie circulaire pourrait nous endormir en créant l'impression qu'il n'y a finalement plus de déchets puisqu'on pourrait tout recycler.

Et pourtant, **nous continuons à créer des déchets qui sont souvent exportés loin de notre vue.** Ainsi la France a exporté 700 000 tonnes de détritus en plastique vers d'autres pays en 2016. En effet, certains plastiques ont une faible valeur ajoutée. Pour les recycler, on préfère les envoyer à l'étranger dans des pays où le coût de la main-d'œuvre est bas. Le refus de ces pays – Chine, Malaisie, Vietnam, Thaïlande – d'accepter nos détritus grandit et une crise mondiale des déchets menace. Ces questions macroéconomiques peuvent nous paraître lointaines et pourtant **elles nous concernent** puisque ces cargos emportent aussi des déchets que nous avons créés.

LE SAVIEZ-VOUS ?

✓ Pendant des décennies, après avoir livré leurs chargements de produits manufacturés, les navires chinois ne rentraient pas à vide. Ils ramenaient en Chine des déchets recyclables à faible valeur ajoutée. La Chine était alors le centre névralgique du recyclage international. Mais le 31 décembre 2017, elle décide subitement de fermer ses portes à ses importations jugées sales et dangereuses pour l'environnement. Plusieurs pays d'Asie du Sud-Est ont absorbé, plus ou moins volontairement, ce surplus soudain de déchets. Mais de plus en plus, eux aussi renvoient les navires à l'expéditeur comme l'ont fait l'Indonésie et la Malaisie dernièrement. Voici comment on se retrouve devant **une crise mondiale des déchets**. Et une crise de conscience pour nous, les consommateurs. Car une fois jetés dans la poubelle recyclage, les déchets n'ont pas fini leur parcours. Certains déchets sont impossibles à recycler. Nous ne pouvons pas fermer les yeux sur cette réalité.

Comment aller **plus loin ?**

Partons du principe que vous vivez dans un endroit qui permet et pratique le recyclage du verre, des cartons, papiers et autres contenants, des déchets organiques, mais aussi des déchets électroniques.

Avez-vous toujours besoin de cet objet ?

Nous sommes attachés à certains objets bien au-delà de la période où ils nous sont utiles.

- **Les souvenirs :** pour des raisons que l'on dit souvent « sentimentales », nous aimons garder des souvenirs qui marquent une époque de notre vie : des vieux vinyles même si on n'a plus de quoi les jouer, des meubles de famille qui ne vont pas dans notre intérieur, des vêtements d'enfants dont on n'aura plus besoin, des livres, toute sorte de choses. Plus nous avons d'espace pour les stocker, plus les objets peuvent nous envahir.
- **Les vêtements et les jouets des enfants :** les échanges autour de ce qu'on peut garder, donner, revendre par exemple sont une opportunité d'aborder les questions du matérialisme, de la consommation, de l'anti-gaspi et du sort de nos chers objets. Par ailleurs, demandons-nous s'il ne serait pas envisageable, voire bénéfique, d'impliquer les enfants dans ces décisions.

À qui donner ?

- **Emmaüs** est sans doute une des premières associations qui vient en tête. Comme l'association l'explique sur son site, elle « accepte tous types d'objets utilitaires

LE SAVIEZ-VOUS ?

✓ Dans des cas très rares (2 à 6 % de la population selon le Manuel diagnostique et statistique des troubles mentaux), la difficulté à jeter les objets engendre une véritable détresse et entraîne un besoin d'accumuler des objets, même sans valeur (tickets, prospectus, pots de yaourt vides...), qui envahissent petit à petit le logement jusqu'à le rendre inhabitable. Ce trouble mental reconnu depuis 2013 s'appelle la thésaurisation pathologique ou syllogomanie. Spectaculaire, il fait l'objet de reportages qui parlent plutôt de syndrome de Diogène. En tout cas, l'aide est possible.

ou décoratifs en bon état, tels que les vêtements, le linge de maison, les chaussures, mais également les vélos, les livres, les meubles et les équipements de loisir. Emmaüs récupère également l'électroménager, gros ou petit, tels que des réfrigérateurs, des lave-linge ou des bouilloires. » Déposés dans les structures Emmaüs ou collectés à domicile, vos objets seront pris en charge par des compagnons, bénévoles et salariés en insertion, qui leur redonneront une seconde vie. **Un cercle vertueux** donc puisque des personnes retrouvent aussi un rôle important dans la société.

- **D'autres associations** acceptent les dons d'objets : **la Croix Rouge française, le Secours Populaire, le Secours Catholique.** En Angleterre, les boutiques qui revendent des objets d'occasion au profit de causes comme le cancer, la maladie mentale ou les animaux sont légion. Une façon pour les uns de faire le vide et pour les autres de se montrer généreux tout en faisant de bonnes affaires.

- **À l'heure d'Internet, les dons et les échanges** se sont aussi déplacés en ligne, une manière plus pratique de faire se rencontrer l'offre et la demande. Signalons simplement deux sites qui semblent très sérieux : donnons.org, recupe.net.

Les vide-greniers

Aux États-Unis, la pratique du « garage sale » est individuelle. Lorsque l'on souhaite se débarrasser d'un grand nombre de possessions, on placarde des affiches dans le quartier et on le fait savoir sur les réseaux. Le jour dit, on déballe tout devant chez soi et on attend les clients. En France, on préfère se regrouper pour organiser des vide-greniers collectifs dans la rue ou sur la place du village. L'avantage est que l'organisation est prise en charge et que les passants, attirés par une plus grande offre, sont plus nombreux. Les enfants peuvent participer en mettant en place, en discutant avec les badauds, en rendant la monnaie. Pour être au courant des vide-greniers proches de chez vous, le site vide-greniers.org est imbattable.

Les trocs entre ados

Justement, une nouvelle pratique permet aux adolescents de s'impliquer directement. On voit fleurir ici et là des trocs entre ados organisés par des villes ou des associations. Si cela ne se fait pas encore par chez vous, **votre ado peut devenir force de proposition** et être l'instigateur d'un premier événement. Une bonne façon de sensibiliser les générations futures.

10 STIMULEZ LA CRÉATIVITÉ DE VOS ENFANTS !

Marcel Duchamp, Niki de Saint Phalle, César, Arman, Vik Muniz… Tous ces artistes contemporains ont utilisé des déchets et des matériaux de récupération pour **créer des œuvres qui questionnent notre société de consommation.** Ainsi, le Brésilien Vik Muniz s'est installé dans la plus grande décharge de Rio pour créer des tableaux célèbres reconstitués à partir de détritus. Le film *Wasteland* raconte son aventure auprès des « catadores », les ramasseurs de déchets recyclables. Pour nous mettre face au gaspillage engendré par nos achats « compulsifs », Arman a choisi dans sa série *Accumulations* d'empiler des détritus dans des boîtes en verre hermétiques tandis que César a compressé des journaux, des canettes ou des voitures. Ces artistes nous incitent à nous interroger ainsi sur la durabilité des sociétés humaines et sur les traces qu'elles laissent.

➔ Le marché de l'*upcycling*

Dans un autre registre, des artisans en France et à l'étranger créent de nouveaux objets utiles ou décoratifs à partir de déchets.

- **Le site Kabambi®** par exemple commercialise des objets de déco, des sacs ou du petit mobilier fabriqués dans le monde entier sur ce modèle du *upcycling*. Selon une définition officielle, l'*upcycling* consiste à récupérer des matériaux ou des produits dont on a plus l'usage afin de les revaloriser. On recycle donc « par le haut », en produisant des objets dont la qualité est supérieure au matériau d'origine.

- C'est aussi l'esprit qui anime **le site Pirouette**, sauf que tous les créateurs sont des artisans français. À partir de toiles de jute, chambre à air de vélo, chutes de cuir, courroies de distribution, cartons, disques vinyle, papiers, briques de jus de fruits, ustensiles de cuisine, bâches publicitaires, ils créent des boucles d'oreilles, horloges, portefeuilles, ceintures, carnets, corbeilles, bracelets, sous-bocks, sacs à main, lampes, bougeoirs...

À vous **de jouer !**

Certaines familles ont une fibre bricoleuse et créative.

Si vous avez besoin d'un coup de pouce

La bonne nouvelle est que les sources d'inspiration abondent. Pour se renseigner à distance, allez faire un tour sur Pinterest®. Tapez « fil électrique » par exemple et vous trouverez des idées de bagues, colliers et bracelets fabriqués en fils colorés. Vous plongerez dans un monde de conseils sur les objets à dénicher dans des brocantes et à remettre en état, quitte à les détourner de leur utilisation originale. Une simple photo ou une vidéo vous donneront des idées.

Si vous préférez des rencontres physiques

- **La Débrouille Compagnie** dans le 19e arrondissement de Paris propose des ateliers de récupération créative pour tout type de publics, des activités de création collective, des expositions, des formations ainsi qu'une boutique contenant des créations venues du monde entier. Dans les ateliers pour enfants, pour adultes ou intergénérationnels, « on réalise soi-même, on échange, observe, touche, écoute, manipule, crée à partir de matériaux récupérés au sein de l'association ». L'objectif est de s'éveiller aux possibilités de la récupération.
- **Même idée à l'atelier éco-récup d'Héloïse Bos** qui intervient à Lyon, métropole de Lyon, Grenoble, Clermont Ferrand, Marseille et Paris. Dans ses ateliers, on apprend à offrir une seconde vie à des matériaux destinés à être jetés en les transformant en objets déco, bijoux, accessoires et objets zéro déchet. On y apprend à devenir plus autonome puisqu'on fabrique soi-même ses objets, plus connecté puisqu'on rencontre d'autres personnes animées par les mêmes valeurs et plus informé puisqu'on découvre concrètement des manières de pratiquer le zéro déchet.
- **N'oubliez pas les ressourceries** qui proposent à la fois des objets transformés à base de déchets et des ateliers pour apprendre. Exemple avec la Ressourcerie de l'île en Loire Atlantique.

Les ateliers de bricolage

Avant de recycler et de transformer, on peut aussi réparer. Tout objet dont on prolonge la vie et qu'on ne remplace pas à la première défaillance est un geste qui va dans le bon sens. Mais parfois, on a besoin de conseils.

- Des ateliers de bricolage sont proposés ici et là, notamment dans **les ressourceries** – toujours elles. On apporte un objet, on apprend à le réparer avec des animateurs.
- Dans un autre genre, **Lilibricole** est aussi un acteur bien établi qui propose des cours collectifs payants de bricolage.
- Pour les autonomes qui n'ont pas envie d'acheter leur propre matériel, il existe aussi **des lieux de bricolage où tous les outils sont mis à disposition.** C'est le cas de Mon atelier en ville. Autre exemple avec L'établisienne toujours à Paris. Là aussi, le concept est vertueux puisqu'il permet de mutualiser des ressources plutôt que de s'équiper chacun d'outils qui ne nous serviront que rarement. À noter aussi, les sites pour s'échanger ou se louer des outils entre voisins (echange.consoglobe.com, bricolib.net, allovoisins.com).

BON À SAVOIR

✓ Le Réseau National des Ressourceries vous aide à trouver une ressourcerie près de chez vous. Avec plus de 150 lieux partout en France, vous devriez trouver votre bonheur. Le Réseau propose aussi une méthodologie aux personnes intéressées par la création d'une nouvelle ressourcerie. Un parcours semé d'embûches, mais qui peut satisfaire à la fois un besoin local dans un territoire mal desservi et une recherche personnelle de sens.

Les lieux d'échanges

Et puis on découvre des lieux bourdonnant d'options comme le CEAN (Consommer et Échanger Autrement à Nanterre). Au sein de ce collectif, on trouve :

- un Repair Café, un système d'échange de savoirs et de service,
- une Trocante pour échanger objets et plantes,
- un Circul'livre pour échanger des livres,
- ainsi qu'une AMAP et des débats autour de films.

Un lieu pour réfléchir et agir autrement en tant que citoyens et consommateurs. C'est bien utile de découvrir des lieux collectifs d'inspiration lorsque l'on a décidé de changer de pratiques. Cela permet de **se sentir moins seul et d'avancer plus vite** grâce au groupe.

Pour trouver d'autres Repair Cafés près de chez vous, il existe un annuaire en ligne. Le rapport annuel de Repair Café International nous apprend qu'en 2018 un total de 350 000 kg de déchets ont été évités par ces réparations effectuées dans 1 653 Repair Cafés de par le monde. Si vous voulez en créer un nouveau, cette association internationale propose un kit de démarrage et du soutien en échange d'une adhésion modique. « Jetez ? Pas question ! »

CONCLUSION

Les neurosciences nous éclairent sur notre consommation apparemment insatiable, malgré l'évidence de la menace écologique. Le striatum, une zone cérébrale qui produit de la dopamine et nous donne du plaisir immédiat, nous a beaucoup servis en tant qu'espèce. Mais il a besoin de toujours plus de stimulation et de consommation pour ressentir ce plaisir.

« Nous ne serons pas plus heureux qualitativement en obéissant à cette injonction de consommation qui vient de cette dopamine et qui est un esclavage intérieur. Nous ne sommes pas condamnés à consommer toujours plus », écrit Sébastien Bohler dans *Le bug humain, Pourquoi notre cerveau nous pousse à détruire la planète et comment l'en empêcher.*

Encouragés par les industriels, nous avons accepté la facilité et le tout jetable. Il nous faut reprendre notre pouvoir de réflexion. Pouvons-nous faire autrement ? Que restera-t-il de ces objets lorsque nous aurons fini de nous en servir ? En ai-je vraiment besoin ? Est-ce que c'est réparable ? Comment faisait-on avant ?

Dans une société qui veut nous pousser à toujours plus, revenons à la frugalité et au minimalisme. Nos ancêtres nous ont laissé des déchets. Nous avons été bien contents de les trouver pour comprendre leurs modes de vie. Et nous, qu'allons-nous laisser aux générations futures ?

RESSOURCES UTILES

- Donella Meadows, Denis Meadows et Jorgen Randers, *Les limites à la croissance (dans un monde fini), 30 ans après*, Éditions Rue de l'échiquier, 2012
- Kris De Decker, *We can't do it ourselves*, dans Low Tech Magazine, Juillet 2018
- *Vies d'ordures, musée des Civilisations de l'Europe et de la Méditerranée (MUCEM)*, sous la direction de Denis Chevallier et Yann-Philippe Tastevin, Éditions Artlys, 2017
- Jérémie Pichon, Bénédicte Moret, *Famille presque zéro déchet, Ze guide*, Éditions Thierry Souccar, 2016
- Béa Johnson, *Zéro déchet, comment j'ai réalisé 40 % d'économie en réduisant mes déchets à moins de 1 litre par an !* Éditions Les Arènes, 2013

Clé 2

- Delphine Brunet, *Ma cuisine zéro déchet*, Éditions Solar, 2019

Clé 3

- Défi Detox de Greenpeace: www.greenpeace.fr/defi-detox-monde-ne-se-defiler/
- Wecf France : https://wecf-france.org

Clé 4

- Georges Vigarello, *Le Propre et le Sale. L'hygiène du corps depuis le Moyen Âge*, Éditions du Seuil, 2013

Clé 5

- Les énergies inventées par l'humanité pour alimenter sa croissance : www.museum.toulouse.fr/-/quelles-energies-pour-l-humanite-aujourd-hui-et-demain-
- Comment mettre en place un pédibus ? www.colibris-lemouvement.org/passer-a-laction/creer-son-projet/mettre-en-place-un-pedibus
- Le réseau Mille Pattes : www.reseaumillepattes.org

Clé 6

- GreenIT, blog traitant du numérique durable et responsable depuis 2004 : www.greenit.fr
- Le bookcrossing : www.bookcrossing.com

Clé 7

- Impact du tourisme de masse au Mexique : www.cetri.be/Tourisme-au-Mexique-modele-de
- Un récit de voyage solidaire en famille : www.voyagefamily.com/family-portraits/tourisme-solidaire-en-famille_164
- www.voyagefamily.com/coups-de-coeur/voyager-autrement-en-famille_181

Clé 8

- La Fédération des Clubs Comprendre et Protéger la Nature : http://www.fcpn.org
- Isabelle Boucq, *Le shinrin-yoku en Famille*, Éditions Hatier, 2019

Clé 9

- Lydia Flem, *Comment j'ai vidé la maison de mes parents*, Éditions du Seuil, 2013

Clé 10 : Stimulez la créativité de vos enfants

- Le Réseau National des Ressourceries : www.ressourcerie.fr/#osm
- Annuaire des Repair Cafés : https://repaircafe.org

Conclusion

- Sébastien Bohler, *Le bug humain, Pourquoi notre cerveau nous pousse à détruire la planète et comment l'en empêcher*, Éditions Robert Laffont, 2019

Dans la même collection :

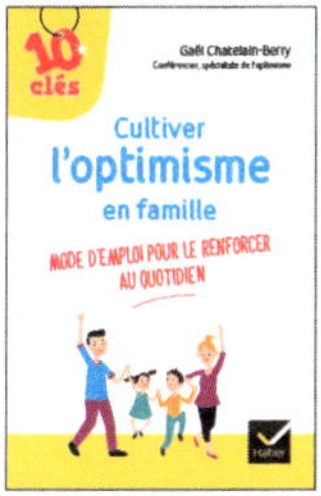

Pour plus de conseils et d'astuces, rendez-vous sur :

PARENTIPS

Développement de l'enfant, scolarité, vie quotidienne ou activités, retrouvez de nombreux contenus d'experts pour les enfants de 0 à 14 ans.

www.parentips.fr

Direction : Rachel Duc
Responsable éditoriale : Caroline Terral
Directeur artistique : Nicolas Vallet
Principe de maquette et illustrations : Ho Thanh Hung
Mise en page : Patrick Leleux PAO
Chef de studio : Karine Alary
Fabrication : Cécile Labarthe

© Hatier - 8 rue d'Assas 75006 Paris - ISBN : 978-2-401-03494-5

Achevé d'imprimer par l'Imprimerie de Champagne à Langres – France
Dépôt légal : 03494-5/01 – mars 2020